Explora las cadenas alimentarias y las r

LAS CADENAS ALIMENTARIAS EN
EL JARDÍN

Katie Kawa

Traducido por Esther Sarfatti

PowerKiDS press

Nueva York

Published in 2015 by The Rosen Publishing Group, Inc.
29 East 21st Street, New York, NY 10010

Copyright © 2015 by The Rosen Publishing Group, Inc.

All rights reserved. No part of this book may be reproduced in any form without permission in writing from the publisher, except by a reviewer.

First Edition

Editor: Katie Kawa
Book Design: Reann Nye
Spanish Translation: Esther Sarfatti

Photo Credits: Cover Stan Osolinski/Oxford Scientific/Getty Images; p. 5 (backyard) Jamie Hooper/Shutterstock.com; pp. 5, 21 (strawberries) sevenke/Shutterstock.com; pp. 5, 21 (slug) Lisa S./Shutterstock.com; pp. 5, 21 (robin) Nancy Bauer/Shutterstock.com; pp. 5, 21 (cat) HHelene/Shutterstock.com; p. 7 Velychko/Shutterstock.com; p. 8 MBoe/Shutterstock.com; p. 9 Gary C. Tognoni/Shutterstock.com; p. 10 Hinterhaus Productions/Digital Vision/Getty Images; p. 11 Nadieshda/Moment Open/Getty Images; pp. 12, 21 (caterpillar) Ron Rowan Photography/Shutterstock.com; p. 13 Cavan Images/Photonica/Getty Images; p. 14 Cameron Watson/Shutterstock.com; p. 15 (praying mantis) Alexander Ishchenko/Shutterstock.com; p. 15 (owl) Mark Medcalf/Shutterstock.com; p. 17 Gerald A. DeBoer/Shutterstock.com; pp. 18, 21 (bacteria) Zhukov/Shutterstock.com; pp. 19, 21 (mushrooms) Nikita Rogul/Shutterstock.com; p. 21 (person) Felix Mizioznikov/Shutterstock.com; p. 21 (owl) Philip Ellard/Shutterstock.com; p. 21 (mouse) CreativeNature.nl/Shutterstock.com; p. 21 (lettuce) Humannet/Shutterstock.com; p. 21 (rabbit) Leena Robinson/Shutterstock.com; p. 21 (raccoon) jadimages/Shutterstock.com; p. 21 (carrots) Denis and Yulia Pogostins/Shutterstock.com; p. 21 (grass) Smileus/Shutterstock.com; p. 21 (backyard) Nanisimova/Shutterstock.com; p. 22 cleanfotos/Shutterstock.com.

Library of Congress Cataloging-in-Publication Data

Kawa, Katie. author.
Las cadenas alimentarias en el jardín / Katie Kawa, translated by Esther Sarfatti.
    pages cm. — (Explora las cadenas alimentarias y las redes tróficas)
  Includes index.
ISBN 978-1-4777-5986-8 (pbk.)
ISBN 978-1-4777-5987-5 (6 pack)
ISBN 978-1-4777-5985-1 (library binding)
1. Food chains (Ecology)—Juvenile literature. 2. Urban ecology (Biology)—Juvenile literature. 3. Nature—Effect of human beings on—Juvenile literature. I. Title.
QH541.15.F66K39 2015
577.5'6—dc23
                                    2014032897

Manufactured in the United States of America

CPSIA Compliance Information: Batch #CW15PK: For Further Information contact Rosen Publishing, New York, New York at 1-800-237-9932

CONTENIDO

Cadenas alimentarias a nuestro alrededor 4

Hábitats de jardín 6

Todo comienza con el Sol 8

Productores y consumidores 10

Herbívoros colaboradores 12

Depredadores y presas 14

¡A comérselo todo! 16

¡Vaya trabajo! 18

Una red trófica en el jardín 20

¡Explora por tu cuenta! 22

Glosario 23

Índice 24

Sitios de Internet 24

CADENAS ALIMENTARIAS A NUESTRO ALREDEDOR

En un **ecosistema**, las cadenas alimentarias muestran cómo las plantas y los animales están conectados por lo que ellos comen y los que los comen a ellos. Nos muestran cómo la **energía** pasa de un ser vivo a otro. Un grupo de cadenas alimentarias conectadas entre sí se llama red trófica.

¿Dónde puedes ver cadenas alimentarias en acción? Uno de los lugares donde más fácilmente puedes verlas ¡es en el jardín de tu propia casa! Si no tienes jardín, puedes ver cómo funcionan las cadenas alimentarias en un parque cercano. Observa con atención, ya que algunos integrantes de estas cadenas alimentarias de jardín son muy pequeños.

Es un hecho

El sol es una parte importante de las cadenas alimentarias porque aporta a las plantas la energía que luego pasan ellas a los animales que las comen.

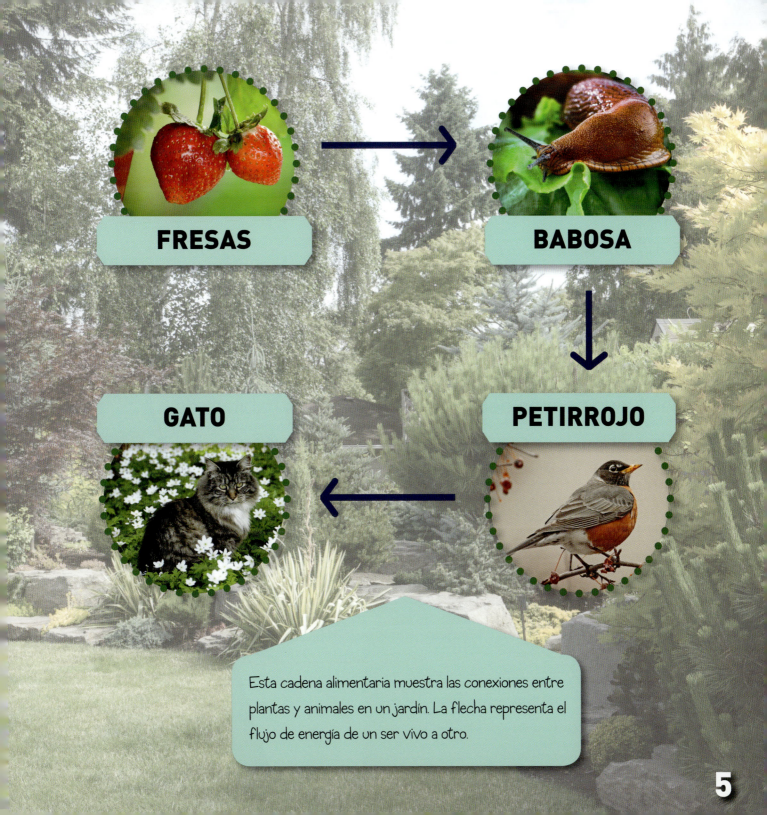

FRESAS → **BABOSA** → **PETIRROJO** → **GATO**

Esta cadena alimentaria muestra las conexiones entre plantas y animales en un jardín. La flecha representa el flujo de energía de un ser vivo a otro.

HÁBITATS DE JARDÍN

Todos los seres vivos necesitan un lugar para vivir y donde poder encontrar comida y agua. Eso se llama un hábitat. El jardín es un hábitat especial que está lleno de plantas y animales que nos son familiares.

La gente vive en su propio hábitat, y un jardín puede formar parte de ese hábitat. Algunas personas cultivan su jardín. También usan el jardín para jugar, trabajar e incluso cocinar. Las personas dejan sus marcas en los hábitats de muchas maneras, entre ellas cuando plantan cosas que otros animales utilizan como alimento, como flores, por ejemplo.

Es un hecho

Las personas **incorporan** mascotas, como perros y gatos, a los hábitats de sus jardines.

Un huerto, es un ejemplo de cómo la gente puede obtener alimento de un hábitat de jardín.

TODO COMIENZA CON EL SOL

El sol es el punto de partida de todas las cadenas alimentarias, entre ellas las que están en tu jardín. Es la fuente de la que viene originalmente toda la energía de una cadena alimentaria.

La lechuga es una planta que por lo general se cultiva en los huertos. Obtiene su energía directamente del sol. Utiliza mucha de esta energía para crecer, pero también se queda almacenada en la planta. A los conejos les gusta comer la lechuga que crece en los jardines. Cuando un conejo come lechuga, la energía del sol que se ha almacenado en la planta pasa al conejo.

Es un hecho

Los conejos y otros animales almacenan energía en sus cuerpos, que luego pasa a los animales que los comen a ellos.

Cuando una lechuza come un conejo, recibe algo de energía del sol, ya que la energía del sol pasa a la lechuga, luego al conejo y, finalmente, a la lechuza.

PRODUCTORES Y CONSUMIDORES

Las plantas convierten la luz del sol, el agua y el **dióxido de carbono** en energía que pueden utilizar los seres vivos. Esto lo hacen a través de un **proceso** que se llama fotosíntesis, que produce una especie de azúcar que las plantas utilizan como alimento. Un jardín está lleno de plantas que utilizan la energía del sol para crecer. Las flores, los árboles y las verduras viven y crecen gracias al alimento que producen a través de la fotosíntesis.

A las plantas se las llama productoras porque producen su propia comida a partir de la energía del sol. Los animales son consumidores porque consumen, o comen, plantas y otros animales.

Es un hecho

La fotosíntesis también produce oxígeno, que es un gas que necesitan los seres vivos para vivir.

Las zanahorias son productoras porque crean su propia comida a través de la fotosíntesis. Las personas somos consumidoras porque comemos zanahorias y otras plantas.

HERBÍVOROS COLABORADORES

Los productores son solamente el primer **eslabón** en una cadena alimentaria de jardín. Los animales que los comen son el siguiente eslabón.

Las personas no son las únicas que comen las plantas que crecen en un jardín. Las ardillas y las orugas son dos de los muchos animales que obtienen su energía de las plantas. Los animales que solo comen plantas se llaman herbívoros.

Algunas veces las plantas también necesitan a los herbívoros. Cuando una ardilla come una manzana que ha caído de un árbol, es posible que transporte alguna semilla de esa manzana a otro jardín. Esa semilla podría llegar a convertirse en un nuevo manzano.

Es un hecho

Las orugas comen hojas y hierba. Cuando se convierten en mariposas, se alimentan del néctar de las flores.

Las mariposas y las flores se ayudan unas a otras a sobrevivir. Las flores dan a las mariposas néctar para comer. Las mariposas llevan el polen de una flor a otra. Esto permite que las flores se reproduzcan, o sea, que nazcan nuevas flores.

DEPREDADORES Y PRESAS

Tal vez el jardín de una casa no parezca un lugar que dé miedo, pero para algunos animales lo es. En algunos jardines también viven carnívoros, o animales que comen otros animales. Hay depredadores que viven en jardines y buscan animales que les sirvan de alimento. Los animales a los que cazan se llaman presas.

Estas tres criaturas de jardín son carnívoras. Los gatos y las lechuzas cazan muchos de los mismos animales, entre ellos ratones y conejos.

Los pájaros son depredadores de jardín que comen insectos. A los petirrojos les gusta comer orugas. A su vez, a los petirrojos se los comen los gatos. Los gatos que comen petirrojos se conocen como carnívoros secundarios porque comen otros carnívoros. Los gatos también comen ratones y, a veces, conejos.

Es un hecho

Algunos insectos también son carnívoros. La mantis religiosa come otros insectos, ¡entre ellos otras mantis religiosas!

¡A COMÉRSELO TODO!

Algunos animales que viven en los jardines se alimentan tanto de plantas como de animales, y se llaman omnívoros. Muchos omnívoros comen todo lo que encuentran, incluso la basura. Los mapaches son omnívoros comunes de jardín. Comen lo que la gente echa en la basura, pero también comen frutos secos, bayas, insectos, huevos, ratones, semillas y muchas más cosas.

Los cuervos también son omnívoros. Estos pájaros incluso comen los cuerpos de animales muertos. Los animales que comen animales muertos se llaman carroñeros. Los carroñeros son importantes porque se aseguran de que no se desperdicie ninguna energía que pueda quedar en el cuerpo de un animal.

Es un hecho

Los cuerpos de animales y plantas muertos son descompuestos por seres vivos que se conocen como descomponedores.

Los mapaches son nocturnos. Eso significa que son más activos por la noche.

¡VAYA TRABAJO!

Los descomponedores son una parte muy importante de todas las cadenas alimentarias, incluso los que encontramos en los jardines. Cuando descomponen los cuerpos de las plantas y los animales muertos, devuelven los **nutrientes** a la tierra. Las plantas utilizan sus raíces para obtener nutrientes de la tierra. Sin los descomponedores, las plantas no tendrían suficientes nutrientes para vivir. Sin plantas, ¡no habría ningún otro ser vivo en los jardines!

La mayor parte de los descomponedores de jardín son tan pequeños que no podemos verlos a simple vista. Se llaman bacterias. En un jardín viven billones de bacterias. Las setas también son descomponedores de jardín.

Es un hecho

La mayor parte de las bacterias solo se pueden ver a través de un **microscopio**.

Las setas y las bacterias descomponen la materia de las plantas y los animales muertos. Su trabajo es hacer que la tierra esté rica en nutrientes, para que las plantas puedan crecer.

UNA RED TRÓFICA EN EL JARDÍN

Las redes tróficas muestran cómo todos los seres vivos en un hábitat están conectados. Las numerosas cadenas alimentarias de un jardín se juntan para formar una sola red trófica. Los colores que se usan para señalar los seres vivos en esta red trófica muestran la variedad de organismos que puedes encontrar en un hábitat de jardín. Sigue las flechas para ver cómo la energía fluye de un ser vivo a otro. Los descomponedores aparecen en la esquina superior derecha de la red trófica. Cuando los seres vivos en esta red mueren, los descomponedores descomponen sus cuerpos.

Clave de cadenas alimentarias

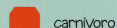 carnívoro

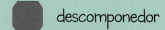 descomponedor

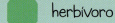 herbívoro

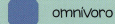 omnívoro

productor

Es un hecho

Otros alimentos que comunmente crecen en los jardines son tomates, habichuelas y pimientos.

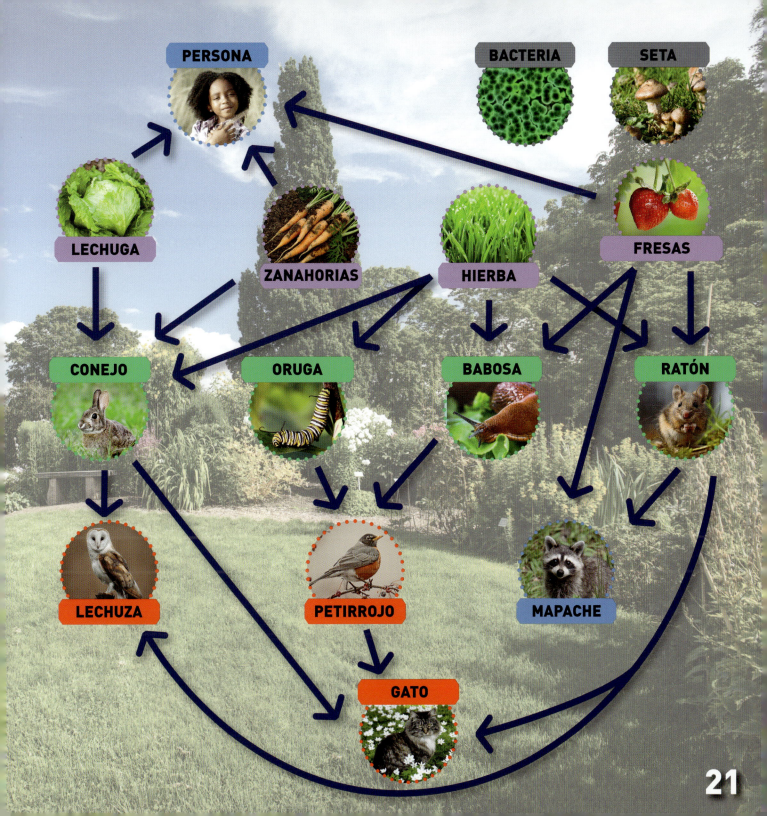

¡EXPLORA POR TU CUENTA!

Es divertido ver cómo funcionan las cadenas alimentarias en tu jardín, en un parque cercano o en el patio de tu escuela. Una buena forma de aprender acerca de las cadenas alimentarias de jardín es plantar algo. Observa atentamente al remover la tierra. Verás muchos seres vivos, entre ellos gusanos.

Cuanto más tiempo pases en un hábitat de jardín, más aprenderás acerca de las cadenas alimentarias que se forman en él. Por la mañana, es posible que veas conejos comer hierba o un gato que caza ratones. Por la noche, podrías ver un mapache en busca de comida. ¡Hay muchas cosas que ver en tu propio jardín!

GLOSARIO

dióxido de carbono: Un gas incoloro que está en el aire y que usan las plantas durante la fotosíntesis.

ecosistema: Una comunidad de seres vivos.

energía: El poder o la habilidad de estar activo.

eslabón: Una pieza que conecta con otra.

incorporar: Unir o agregar una cosa a otra.

microscopio: Un aparato que hace que un objeto parezca más grande cuando se mira a través de él.

nutriente: Algo que consume una planta o un animal que lo ayuda a crecer y mantenerse sano.

proceso: Una serie de acciones o cambios.

ÍNDICE

B
bacterias, 18, 19, 21

C
carnívoros, 14, 15, 20
carnívoros secundarios, 15
carroñeros, 16
consumidores, 10, 11

D
depredadores, 14, 15
descomponedores, 16, 18, 20

E
ecosistema, 4, 23
energía, 4, 5, 8, 9, 10, 12, 16, 20, 23

F
fotosíntesis, 10, 11

H
hábitat, 6, 7, 20, 22
herbívoros, 12, 20

J
jardines, 7, 8, 10

N
nutrientes, 18, 19, 23

O
omnívoros, 16, 20

P
personas, 6, 7, 11, 12, 21
presas, 14
productores, 10, 11, 12, 20

S
setas, 18, 19, 21
sol, 4, 8, 9, 10

SITIOS DE INTERNET

Debido a que los enlaces de Internet cambian a menudo, PowerKids Press ha creado una lista de los sitios Internet que tratan sobre el tema de este libro. Este sitio se actualiza con regularidad. Por favor, usa este enlace para ver la lista: www.powerkidslinks.com/fcfw/bfc